AF509386

LETTRE

DE

M^R. MAHUDEL

De Langres, Docteur en Droit, & en Medecine.

A MONSIEUR

DE BAVILLE

Conseiller d'Etat ordinaire, & Intendant en Languedoc.

Contenant l'Explication d'une Inscription antique gravée sur une pierre, trouvée dans la Ville de Calahorra, sur les frontieres de Castille, & de Navarre, & envoyée à Monsieur de Baville par M^r. du Pont Gouverneur de Pampelune.

A TREVOUX,

Chez ETIENNE GANEAU Libraire de Paris, & Directeur de l'Imprimerie de S. A. S. Monseigneur Prince Souverain de Dombes.

M. DCCVIII.

TRADUCTION

DE L'INSCRIPTION.

JE Bebricius natif de Calahorra, (qui suis inhumé ici) me suis immolé aux Dieux Manes de QUINTUS SERTORIUS, m'étant fait un scrupule de Religion de vivre après la mort de ce grand homme, à qui les Dieux immortels se communiquoient en toutes choses, (ou), qui en toutes choses étoit semblable aux Dieux immortels. Adieu, Passant, qui lis ceci, & apprens, à mon exemple a être fidelle. Les morts quelques dépoüillez qu'ils soient de leurs corps, ne laissent pas d'être sensibles à ces marques de fidelité.

DIIS MANIBUS
QUINTI SERTORII
ME BEBRICIVS CALAGVRITANVS
DEVOVI
ARBITRATVS
RELIGIONEM ESSE
EO SVBLATO
QVI OMNIA
CVM DIIS IMMORTALIBVS
COMMVNIA HABEBAT
ME INCOLVMEM
RETINERE ANIMAM
VALE VIATOR QVI HAEC LEGIS
ET MEO DISCE EXEMPLO
FIDEM SERVARE
IPSA FIDES
ETIAM MORTVIS PLACET
CORPORE HVMANO EXVTIS.

LETTRE

CONTENANT L'EXPLICATION

DE L'INSCRIPTION.

A MONSIEUR

DE BAVILLE

Conseiller d'Etat ordinaire, &
Intendant en Languedoc.

ONSIEUR,

Si l'Histoire doit beaucoup aux
Inscriptions, les Inscriptions ne

A iij

doivent pas moins à l'Histoire ; puisqu'elles se prêtent reciproquement de grands secours , pour l'éclaircissement des faits qu'elles nous presentent.

L'Inscription trouvée à Calahorra , est de la nature de celles dont la simple construction grammaticale n'apprendroit point le veritable sens, ou du moins laisseroit beaucoup de doutes , sur celui qu'on lui donneroit , si elle n'étoit aidée des lumieres de l'histoire du tems & du pays : de même aussi l'observation d'une coutume des anciens Espagnols rapportée par Plutarque (ᵃ) pourroit paroître un peu exaggerée , si cet illustre Historien n'avoit pour garand le témoignage de celui qui parle dans ce monument.

L'Auteur *des Delices de l'Espagne* (ᵇ) l'avoit déja donnée en

____

(ᵃ) *Plutarch. in Sertorio.* (ᵇ) *Tome premier.*

partie dans la description de Lo-
grogno & de Calahorra , & l'a-
voit apparemment copiée de quelque Antiquaire de Castille (ª): mais
en quelles mains pouvoit-elle mieux
tomber en son entier , qu'entre
les vôtres , pour recevoir le lustre
qu'elle merite ? & à qui pouvoit-
on plus convenablement s'addres-
ser , pour faire revivre la memoire d'un fait digne de la curiosité
de tous les Sçavans , qu'à vous,
MONSIEUR , qui êtes d'une
Maison, ou les belles lettres , & la
connoissance de l'Antiquité sont
hereditaires , pour lequel toutes
les Muses n'ont jamais rien eu de
caché , & chez qui elles ont le
credit de trouver des momens fa-
vorables , pour converser avec
vous , malgré la multitude des
affaires importantes , qui vous
consacrent au service de l'Etat ,

____

(ª) *Tarapha.*

A iiij

& au salut de cette Province ?

Je me sers de la liberté que vous m'avez donnée de me glisser de tems en tems avec elles dans vôtre Cabinet , pour avoir l'honneur d'appuyer le sentiment que vous eûtes d'abord de cette Inscription , en jugeant , qu'elle est l'Epitaphe d'un Officier Espagnol de la Ville de Calahorra , du nombre des creatures , que Sertorius étant en Espagne , & proscrit par Sylla , s'étoit faites , dans ce quartier de la Castille ; lequel prévenu en faveur de ce General , en qui il voyoit tant de belles qualitez , & persuadé comme ceux de sa nation , qu'il avoit en sa personne, quelque chose de divin , s'étoit tellement attaché à lui , qu'il ne voulut pas survivre au malheur de ce grand homme , & que l'ayant vû miserablement assassiné par Marcus Perpenna (ᵃ) Pretorien,

(ᵃ) *Plutarch. in sertorio. Appian. l. 1.*

Il se crut doublement obligé, par un devoir d'amitié, & de Religion à mourir, & se sacrifier aux Manes de ce vaillant Capitaine.

C'étoit une chose assez ordinaire chez les Grecs & les Romains, de trouver des gens assez zelez pour donner leur vie, pour la patrie, pour leurs Princes, pour leurs amis : c'est ce qu'ils appelloient *Devovere se*, ce qui signifie *se sacrifier, s'immoler*. Ciceron, Valere Maxime (ᵃ), & Tite-Live se servent souvent de ce mot : Servius (ᵇ) l'a employé sur Virgile ; & un ancien Grammairien Latin lui donne toute l'étenduë de sa signification en ces termes : (ᶜ)

Patrio exemplo, me dicabo, animam
devorabo hostibus.

Ce fut pour le salut de la patrie,

(ᵃ) *Cap. 5. lib. 5.*
(ᵇ) *Servius ad primum Æneïd.*
(ᶜ) *Attius apud Nonnium.*

que Codrus Roi des Atheniens se
livra à la mort (a) , que les trois
Deces se jettérent au milieu des
ennemis (b) , que Curtius Cheva-
lier Romain se précipita dans le
gouffre qui s'étoit ouvert à Rome.
Alceste mourut pour sauver la vie
à son mari Admete. Les Histo-
riens sont pleins de ces exemples
fameux , qu'ils ont qualifiez des
noms de *charitas*, *pietas*, ou de *de-*
votio. Ces sortes de dévoüemens
étoient tellement en usage alors ,
qu'il y avoit même une maniere
de les faire , & des ceremonies à
observer pour les rendre plus so-
lemnels. Ils étoient toûjours pré-
cedez de prieres , & d'une invo-
cation du grand Pontife & de celui qui se dévoüoit , à tous les
grands Dieux ; mais sur tout aux
Manes , & à la Terre. Tite Live

(a) *Horat. l.3. Carmin.*
(b) *Cicero libro primo. Tuscul. quast.*

nous en a laiſſé la formule, & Pline aſſure que de ſon tems elle avoit encore lieu.

Il y a apparence qu'on celebroit la memoire de ceux qui s'étoient ainſi ſacrifiez, par une Epitaphe honorable ; puiſqu'il nous en a reſté qui font mention de cette grandeur d'ame. Celle de deux ſoldats qui s'étoient ainſi dévoüez, ſe voit dans Gruter :

MILITES LEG. VI. ET XIII.
DEVOTIS CAPITIBVS.

Mais ce n'étoit pas ſeulement chez les Romains, que cette coutume ſe pratiquoit : Plutarque dans la vie de Sertorius nous apprend, que du tems de ce Conquerant, elle étoit encore plus en vigueur en Eſpagne qu'ailleurs : le paſſage eſt trop eſſentiel à nôtre explication pour ne le pas rappor-

A vj

ter tout au long. C'étoit, dit-il, alors la coutume en Espagne, que ceux qui environnoient le Prince ou le Capitaine mourussent avec lui, lorsqu'il venoit à être tué; coutume que ces barbares appelloient dévotion : le Grec dit κατάσπεισις, que Rob. Etienne traduit libation, qui se faisoit du vin qu'on versoit sur les Victimes : ce qui fait voir que ceux qui s'immoloient ainsi, croyoient faire un acte de Religion.

Comme néanmoins, quelque Religion qu'on ait, la vie est chere à tous les hommes, le même Plutarque ajoute d'abord après, que le nombre des Ecuyers ou amis des Capitaines où Officiers generaux, qui vouloient bien s'asservir à cette coutume pour l'amour de leurs Chefs, étoit trèspetit; mais qu'à l'égard de Sertorius, plusieurs milliers d'hommes le suivoient ordinairement , ayant fait serment de perdre leur vie lorsqu'il perdroit la sienne.

Cela ne paroîtra point douteux , si l'on examine quel attachement cette Nation avoit pour ce grand Capitaine. Aulugelle dit que quelques desavantages qu'eut eu Sertorius, jamais Espagnol n'avoit déserté de son Armée ; au lieu que presque tous les Romains qu'il avoit amenez avec lui l'avoient abandonné. Et dans les occasions ces fidelles soldats ne lui donnérent-ils pas des marques de leur tendresse, lorsque s'étant vûs en danger avec lui , dans une affaire où il eut le dessous, ils l'enlevérent sur leurs épaules, le passérent par dessus eux de main en main , & ne pensérent à leur salut qu'après l'avoir mis en sûreté dans la Ville la plus prochaine ?

Or comme Sertorius ne mourut

point dans un combat, mais au milieu d'un festin, où Perpenna son faux ami jaloux de sa gloire & de son credit, le fit assassiner en sa presence, & trempa lui même les mains dans son sang ; il est certain que tous ses amis ne pûrent mourir avec lui, & que Brebicius qui parle dans cette Epitaphe n'étant pas dispensé de son serment, il s'immola volontairement aux Dieux Manes, & par un pur scrupule de survivre à celui avec lequel il avoit fait serment de mourir.

Cette conjecture deviendra encore plus probable, lorsqu'on fera reflexion que Bebricius étoit de Calahorra ; sans nous jetter dans une discussion géographique touchant cette Ville, sur la vraye situation de laquelle les Géographes sont partagez ; soit parce que Pline en a distingué deux, l'une

Calaguris Nasisca & l'autre *Fibularia* ; soit parce que la diversité des surnoms que les autres lui ont donnez, a fait naître l'opinion de leur difference. Il est toûjours certain que Calahorra d'aujourd'hui, qui est dans la Castille vieille aux confins de la Navarre sur l'Ebre, au confluent de la Riviere nommé Cicados de Castilla, est Calaguris patrie de Bebricius, qui a été si illustrée par le séjour, le choix des troupes, & les belles actions de Sertorius.

L'appanage des Habitans de cette Ville & du païs qui en dépendoit appellez *Calaguritani*, étoit la valeur & le dévoüement à Sertorius. Ils repoussérent Metellus & Pompée, qui étoient venus affieger leur place, l'un jusques dans la Basse Espagne, & l'autre jusques dans les Gaules. Ils l'accompagnérent dans tous les dangers, & conservérent pour luî encore après sa mort une telle veneration , & un attachement si inviolable à sa memoire, qu'étant depuis une seconde fois assiegez par Pompée , ils firent une si vigoureuse & si longue resistance, qu'ayant consommé tous leurs vivres , ils aimérent mieux manger leurs femmes & leurs enfans, dont ils salérent les corps, que de manquer , en se rendant , à ce qu'ils croyoient devoir à ses cendres.

Cette fidelité à leur General, les fit depuis tellement distinguer des Empereurs , qu'il nous paroit par une Medaille antique , que Jules leur donna son nom, avec le droit de Bourgeoisie Romaine , MVN. CALAC. IVL. *Municipium Calaguris Julia* ; & que de trois cohortes qu'Auguste avoit à Rome pour sa garde , il y en avoit une de foldats de Calahorra.

Sera-t'il donc furprenant, qu'il fe foit trouvé dans cette Ville un homme capable de s'immoler après la mort d'un Chef du merite de Sertorius, qui étoit fi grand, qu'il paffoit dans l'efprit des Efpagnols pour un genie plus qu'humain, & qui avoit un commerce auffi particulier avec les Dieux, que Numa avec la Déeffe Egerie ? C'eft auffi le motif que Bebricius dit, qui l'a porté à mourir.

Plutarque & Aulugelle achevent d'éclaircir ici nôtre Infcription, par le recit qu'ils font des rufes dont Sertorius s'étoit fervi, pour en impofer à la credulité des gens qu'ils appellent Barbares : (c'eft le nom que donnoient les Romains, à tous les peuples éloignez d'eux, & nouvellement conquis.) Il profitoit du penchant à la superstition qu'il connoissoit dans la Nation Espagnole, & pour les tromper, il se servoit du secours d'une biche blanche, qu'il avoit apprivoisée au milieu du bruit des armes, & qu'il avoit stilée à venir s'approcher de son oreille. Il leur faisoit accroire que c'étoit un don de Diane, qui lui parloit par la bouche de cet animal qui lui étoit consacré; & dans tout ce qu'il avoit à faire, il faisoit ainsi semblant de consulter cette Déesse, & en leur rapportant l'oracle prétendu quelle avoit prononcé, il les engageoit à approuver toutes ses entreprises, & les obligeoit à lui obéir dans les choses les plus difficiles.

Si quelque Messager lui apportoit la nouvelle de quelque avantage, que ses Lieutenans generaux eussent remporté, il le faisoit cacher, & annonçant ensuite

à ſes troupes, que les Dieux &
ſa biche lui avoient appris en ſonge, qu'il auroit quelque heureux
ſuccés, il faiſoit amener en pu-
blic ſa biche couronnée de fleurs,
ordonnoit des ſacrifices en action
de graces, & faiſoit enſuite paroître le Meſſager qui confirmoit le
ſonge : fineſſes qui lui avoient ac-
quis tant de credit ſur l'eſprit de
ces peuples, qu'ils ne ſe croyoient
plus gouvernez par un homme
étranger, mais par les Dieux mê-
mes.

Rien n'eſt donc plus d'accord
que les Hiſtoriens avec nôtre In-
ſcription, dont il eſt aiſé de dé-
terminer l'Epoque par celle de la
mort de Sertorius arrivée l'an 681,
de Rome, & ſoixante douze envi-
ron avant la Naiſſance de Jesus-
Christ. Il ne reſte plus qu'à ex-
pliquer quelques phraſes, ou mots
qui dépendent de la Grammaire,

La Conſtruction de l'Epitaphē eſt à la premiere perſonne : il étoit ordinaire aux Anciens de faire ainſi parler les morts, comme s'ils euſſent appris eux-mêmes aux Paſſans leurs noms, leur genéalogie, leurs charges, leurs belles actions, leur fortune, leurs malheurs, leur âge, & l'hiſtoire de leur Vie.

L'Epitaphe, ou plûtôt l'action eſt dediée au Dieux Manes de Sertorius : terme qui ne doit point ſe prendre ici, pour l'ame du défunt, comme il en a ſouvent la ſignification ; mais pour les Divinitez ſouterraines, que les Payens croyoient préſider aux tombeaux, & au ſoin des morts, qui chacun en avoient un particulier, comme nous avons nos Anges gardiens. Ils appelloient ces Dieux Δαίμονες Demons ou Genies.

Le mot de *fides* eſt pris en deux

ſignifications dans deux lignes conſecutives : à la premiere il s'entend du ſerment prêté à Sertorius par ſes troupes , appellé dans les Medailles *fides militum* ; de cette parole même qu'elles lui avoient donnée de ſe ſacrifier pour lui en cas de mort : & dans la ſeconde il marque l'accompliſſement du vœu de Bebricius.

Enfin le *Vale Viator* eſt un remerciment que fait le défunt au Voyageur, de la peine qu'il a priſe de ſe détourner de ſon chemin, & de s'arrêter pour lire ce qui eſt gravé ſur ſon tombeau. Les Collecteurs d'Epitaphes ſont pleins de ces complimens que faiſoient les morts aux paſſans pour les avoir plaints ; tantôt par ces mots, *ſit tibi bene qui legis* ; *ſit tibi terra levis* ; ſouvent par *ſalve , bene valeas qui legis* , ou par *ave , ſalve ,* ou *vale & ſalve.* Le *corpore hu-*

mano exutis est une preuve du sentiment que ces peuples avoient
touchant l'immortalité de l'ame.

Voilà, Monsieur, les conjec-
tures auxquelles vôtre Inscription
peut donner lieu. Vous les pre-
senter, pour paroître Historien
auprès d'un homme qui en posse-
de si à fond la science, ce seroit
une temerité qui ne seroit pas par-
donnable à qui a eû l'avantage de
lire vôtre Histoire admirable de
l'Etat present du Languedoc: mais
on l'excusera volontiers, lorsqu'on sçaura qu'elle n'est que l'ef-
fet d'une prompte obéïssance aux
ordres d'un Magistrat si Illustre
& si respectable, & une marque de
l'entier dévoüement, & du respect
avec lequel je suis,

MONSIEUR,

Vôtre très-humble & très-
obéïssant serviteur,
MAHUDEL.

A Montpellier ce 20.
Février 1708.